Le 8783

ODE
IN EXPUGNATIONEM
NAMURCÆ,
EX GALLICA ODE
NICOLAI B*** D***
IN LATINAM CONVERSA.

PARISIIS,
Apud DIONYSIUM THIERRY, viâ Jacobæâ, sub signo urbis Lutetiæ.

M. DC. XCIII.

DOCTISSIMO
ET
CLARISSIMO VIRO
NICOLAO B. D.
HENDECASYLLABI.

ALLICI decus arbiterq; Pindi,
Codris ac Baviis timende Vates:
Per quem laude vigens novâ Vetustas
Contra murmura plebis imperitæ,
Et convicia stat calumniantum:
Munus accipe, te, BOLÆE, dignum:
Quod tu, sis licet aure delicatâ
Judex difficilis, severiorque,
Non tamen, reor, improbare possis.
Versus ecce tuos tibi Latinis
Donatos numeris modisque mitto.

Nostris credideram hoc opus Camœnis
Intractabile. Nubium meatus
Tecum tendere in arduos verebar;
Pennisque imparibus sequax Hirundo
Post audacem Aquilam volare stridens
Insuetum per iter. Sed astitêre,
Quotquot Roma tulit bonos Poëtas,
Inservire operi tuo, locumque
Versus inter habere gestientes
Vatis, vindice quo perenne servant
Illæsi decus inter inquieta
Allatrantum odia, irritosque morsus.
Imprimis tua cura amorque Flaccus,
Flaccus deliciæ tuæ, superbis
Te cujus spoliis nitere, dudum
Grex crepat malesanus invidorum:
Ardet dicere Principis triumphos,
Qualem tempora nec tulêre prisca,
Qualem nec sua venditavit ætas.
Terretur tamen insolens locorum
Aspris nominibus, rudesque contra
Luctatur fluvios diu: sed omnes
Moras vincit amor tui, nec ullus
Te propter labor arduus videtur.
Perge ergo Veterum, BOLÆE, *famam,*
Et scripta, & decus, ut facis, tueri.
Junctis hoc precibus reposcit à te,
Quidquid est hominum eruditiorum,
Quidquid est hominum politiorum,
Et sani ingenii, bonæque mentis.

Corvorum interea sinas cohortem
Te contra crocitare garrulorum.
Quid possunt Aquilis nocere Corvi?

CAROLUS ROLLIN, Regius
Eloquentiæ Professor.

σοφὸς ὁ πολ-
λὰ εἰδὼς φυᾷ.
μαθόντες δὲ, λάβροι
παγγλωσσίᾳ, κόρακες ὣς,
ἄκραντα γαρύετον
Διὸς πρὸς ὄρνιχα θεῖον. Pindar. Od. 2.
Olymp.

Natura Vatem sola facit. labor
Si quos per artem promovet improbus,
    Clamore nequicquam procaci
      Rauca crepant crocitantque corvi
Contra ministrum fulminis alitem.

AU LECTEUR.

L'ODE, qu'on donne ici au Public, a esté composée à l'occasion de ces estranges Dialogues qui ont paru depuis quelque temps, où tous les plus grands Ecrivains de l'Antiquité sont traités d'Esprits mediocres, de gens à estre mis en paralele avec les Chapelains & avec les Cotins, & où voulant faire honneur à nôtre siecle, on l'a en quelque sorte diffamé, en faisant voir qu'il s'y trouve des Hommes capables d'escrire des choses si peu sensées. Pindare est des plus maltraités. Comme les beautés de ce Poëte sont extremément renfermées dans sa langue, l'Auteur de ces Dialogues, qui vraisemblablement ne sçait point le Grec, & qui n'a leu Pindare que dans des traductions Latines assez défectueuses, a pris pour galimathias tout ce que la foiblesse de ses lumieres ne lui permettoit pas de comprendre. Il a surtout traité de ridicules ces endroits merveilleux, où le Poëte, pour marquer un esprit entierement hors de soy, rompt quelquefois de deſſein formé la ſuite de ſon diſcours, & afin de mieux entrer dans la raiſon, ſort, s'il faut ainſi parler, de la raiſon meſme; évitant avec ſoin cet ordre methodique & ces exactes liaiſons de mots qui oſteroient l'ame à la Poëſie lyrique. Le Cenſeur dont on parle, n'a pas pris garde qu'en attaquant ces nobles hardieſſes de Pindare il donnoit lieu de croire qu'il n'a jamais conceu le ſublime des Pſeaumes de David, où, s'il eſt permis de parler de ces ſaints Cantiques à propos de choſes ſi profanes, il y a beaucoup de ces ſens rompus qui ſervent meſme quelquefois à en faire ſentir la Divinité. Ce Critique ſelon toutes les apparences n'eſt pas fort convaincu du précepte qu'on a avancé dans l'Art Poëtique à propos de l'Ode.

Son ſtile impetueux ſouvent marche au hazard.
Chés elle un beau deſordre eſt un effet de l'Art.

Ce precepte effectivement qui donne pour regle, de ne point garder quelquefois de regles, eſt un myſtere de l'Art qu'il n'eſt pas aiſé de faire entendre à un Homme fans aucun gouſt, qui croit que la Clelie & les Operas ſont les modeles du Genre ſublime, qui trouve Terence fade, Virgile froid, Homere de mauvais ſens, & qu'une eſpece de bizarerie d'eſprit, rend inſenſible à tout ce qui frappe ordinairement les Hommes. Mais ce n'eſt pas ici le lieu de lui montrer ſes erreurs. On le fera peut-eſtre plus à propos, un de ces jours, dans quelque autre Ouvrage. Pour revenir à Pindare, il ne ſeroit pas difficile d'en faire ſentir les beautés à des gens qui ſe ſeroient un peu familiariſé le Grec. Mais comme cette langue eſt aujourd'hui aſſez ignorée de la pluſpart des Hommes, & qu'il n'eſt pas poſſible de leur faire voir Pindare dans Pindare meſme ; on a crû qu'on ne pouvoit mieux juſtifier ce grand Poëte qu'en faiſant une Ode en François à ſa maniere, c'eſt à dire, pleine de mouvemens & de tranſports, où l'on paruſt plûtoſt entraîné du Demon de la Poëſie que guidé par la raiſon. C'eſt le but qu'on s'eſt propoſé dans l'Ode qu'on va voir. On a pris pour ſujet la priſe de Namur, comme la plus grande action de guerre qui ſe ſoit faite de nos jours, & comme a matiere la plus propre à échauffer l'imagination d'un Poëte. On y a jetté autant qu'on a pû la magnificence de mots, & à l'exemple des anciens Poëtes Dithyrambiques, on y a employé les figures les plus audacieuses, jusqu'à faire un astre de la plume blanche que le Roy porte ordinairement à son chapeau, & qui est en effet comme une espece de Comete fatale à nos Ennemis qui se jugent perdus dés qu'ils l'apperçoivent. Voilà le dessein de ce petit Ouvrage. On ne répond pas d'y avoir reüssi, & on ne sçait pas si le Public accoûtumé aux sages emportemens de Malherbe, s'accommodera de ces saillies & de ces excés Pindariques. Mais supposé qu'on y ait échoüé, on s'en consolera du moins par le commencement de cette fameuse Ode Latine d'Horace, *Pindarum quisquis studet æmulari, &c.* où Horace donne assez à entendre que, s'il eût voulu lui-mesme s'élever à la hauteur de Pindare, il se seroit crû en grand hazard de tomber.

ODE
IN EXPUGNATIONEM NAMURCÆ.

Uis fonte sacro dulciter ebrium
Repente doctus me furor abripit?
   Fallorne? Castas en Sorores
     Ante oculos mihi Pindus offert.

Huc vos, Camœnæ, dum Lyra parturit
Sonora cantus, ferte citæ pedem:
   Adeste, & arrectis modosque
     Auribus ac numeros notate.

Concussa pronis arboribus mihi
Jam sylva plaudit. Vos, jubeo, graves
   Silete Venti: Ludovicum
     Aggredior celebrare versu.

ODE
SUR LA PRISE DE
NAMUR.

Uelle docte & sainte yvresse
Aujourd'huy me fait la loy?
Chastes Nymphes du Permesse,
N'est-ce pas vous que je voy?
Accourés, Troupe sçavante,
Des sons que ma Lyre enfante
Ces arbres sont réjoüis.
Marqués-en bien la cadence;
Et vous, Vents, faites silence:
Je vais parler de LOUIS.

Audax volatu Pindarus arduo
Secare tractus ætheris invios,
    Cœtusque vulgares perosus,
        Longè humiles fugiente pennâ

Terras relinquit : Tu, Lyra, tu potes,
Si fida jussos reddideris sonos,
    Audita sylvis montibusque,
        Threïcios superare cantus.

Proh ! quanta moles surgit in æthera !
Phœbusne murorum inclytus artifex,
    Comesque Neptunus laboris,
        Rupibus imposuere celsis

Turres superbas ? hinc Sabis, hinc Mosa
Fluctus amicos consociare amant :
    Hostique inaccessas profundo
        Gurgite, præcipitique fossâ

Tuentur arces. Ærea desuper
Centum è tremendis culminibus tonant
    Tormenta, ferratasque torquent
        Ignivomo procul ore mortes.

Dans ses chansons immorteles
Comme un Aigle audacieux,
Pindare estendant ses ailes,
Fuit loin des vulgaires yeux.
Mais, ô ma fidele Lyre,
Si, dans l'ardeur qui m'inspire,
Tu peux suivre mes transports ;
Les chesnes des monts de Thrace
N'ont rien oüi que n'efface
La douceur de tes accords.

❦

Est-ce Apollon, & Neptune
Qui sur ces Rocs sourcilleux,
Ont compagnons de fortune
Basti ces murs orgueilleux ?
De leur enceinte fameuse
La Sambre unie à la Meuse
Deffend le fatal abord ;
Et par cent bouches horribles
L'airain sur ces monts terribles
Vomit le fer, & la mort.

Hinc inde Miles cedere nescius,
Ipsi nec impar viribus Herculi,
   Muros coronans, fulgurantes
     Aëriâ jaculator audax

Ab arce flammas, & crepitantia
Subjectum in hostem fulmina decutit.
   Quin & dolosis terra celans
     Undique visceribus paratos

Erumpere ignes, ut propiùs subis,
Infida rupto nempe sinu, vomit
   Repente Vulcanum latentem, &
     Sulphureum reserat sepulchrum.

NAMURCA, turres ante tuas ferox
Hæreret olim Græcia plus decem
   Lustris, & incassùm suorum
     Funera mille Ducum videret.

At quis catervas innumerabiles
Inter tumultus horrisonos trahens,
   Quis ille Bellator propinquat,
     Aggeribusque tuis ruinam

Minatur audax fulmineâ manu?
Quos dat fragores! Jupiter ipse adest,
   Aut qui triumphatis superba
     MONTIBUS imposuit trophæa.

Dix mille vaillans Alcides
Les bordant de toutes parts,
D'éclairs au loin homicides
Font petiller leurs rempars:
Et dans son sein infidele
Par tout la terre y recele
Un feu prest à s'élancer,
Qui soudain perçant son goufre,
Ouvre un sepulchre de soufre
A quiconque ose avancer.

❦

Namur, devant tes murailles
Jadis la Grece eust vingt ans
Sans fruit vû les funerailles
De ses plus fiers Combattans.
Quelle effroyable Puissance
Aujourd'huy pourtant s'avance
Preste à foudroyer tes monts?
Quel bruit, quel feu l'environne!
C'est Jupiter en personne,
Ou c'est le Vainqueur de Mons.

Agnosco frontem, lumina, regios
Vultûs honores : omnia LUDOVIX.
   Jam cerno pallentem sub ipsis
      Nassavium trepidare castris.

Frustra Batâvus jam docili jugum
Cervice portans, & Leo Belgicus,
   Olimque Germanæ feroces
      Nunc humiles Aquilæ, Britannis

Servire Pardis accelerant. Pavor,
Quem sparsit ipso nomine LUDOVIX,
   Terrore concussos recenti,
      Cogit in auxilium remotas

Vocare gentes. Hos Tagus aurifer
Mittit perustos solibus : hi domos
   Linquunt pruinosas, pigroque
      Finitimas Boreæ paludes.

N'en doute point, c'est Luy-mesme.
Tout brille en Luy, Tout est Roy.
Dans Bruxelles Nassau blême
Commence à trembler pour toy.
En vain il voit le Batâve
Desormais docile esclâve
Rangé sous ses étendars :
En vain au Lion Belgique
Il voit l'Aigle Germanique
Uni sous les Leopards.

Plein de la frayeur nouvele
Dont ses sens sont agités,
A son secours il appele
Les Peuples les plus vantés.
Ceux-là viennent du rivage
Où s'enorgueillit le Tage
De l'or qu'il roule en ses eaux ;
Ceux-ci des champs où la nege
Des marets de la Norvege
Neuf mois couvre les roseaux.

B

Repente sed quæ vis fera turgidos
Irritat amnes? Arva Decembribus
   Mirantur exangues Gemelli
     Undique diluviis natare.

Ante ora sævis prædam Aquilonibus
Perire messem strata gemit Ceres,
   Urnisque nimbosis furentum
     Mersa Hyadum sua regna plorat.

Laxate vestris fræna furoribus,
Imbresque, Vétique; & Populi, & Duces;
   Armate, nos contra, pruinas;
     Colligite innumeras cohortes:

Namurca versis aggeribus tamen
In pulverem ibit: scilicet hac manu
   Arces tremendas fulminante,
     Oppida quâ cecidêre centum:

Quâ, terror ingens, Cameracum ruit,
Pendensque celsâ rupe Vesontio,
   Limburgus, Hispanoque fastu
     Ganda tumes, Ypra, Dola, Montes.

Mais qui fait enfler la Sambre ?
Sous les Jumeaux effrayés
Des froids torrens de Decembre
Les champs par tout sont noyés.
Cerés s'enfuit éplorée
De voir en proye à Borée
Ses guerets d'épics chargés,
Et sous les urnes fangeuses
Des Hyades orageuses
Tous ses trézors submergés.

Déployés toutes vos rages,
Princes, Vents, Peuples, Frimats ;
Ramassés tous vos nuages ;
Rassemblés tous vos Soldats.
Malgré vous Namur en poudre
S'en va tomber sous la foudre
Qui dompta l'Isle, Courtray,
Gand la superbe Espagnole,
Saint Omer, Bezançon, Dole,
Ypres, Masthric, & Cambray.

Non falsa Vates auguror. En tremit
Concussa moles: jamque sub ictibus
    Muri laborantes fatiscunt,
        Præcipitemque trahunt ruinam.

Mars rupe ab alta ferreus imminens,
Fragore vasto mortiferos procul
    Eructat ignes: fœta flammis
        Machina sulphureis, repente

Sublata in auras, fulminis intimos
Quærit recessus: mox strepitu gravi
    Videtur infernas relabens
        Velle sibi reserare sedes.

Huc ô, NAMURCÆ rebus in ultimis
Spes sola, linguis egregii Duces,
    Adeste, Nassavique prudens,
        Tuque ferox Bavare: hinc licebit

Impune tutos post vada fluminis
Cuncta intueri. Terribiles minas
    Murorum, & anfractus malignos,
        Difficilesque aditus locorum.

Spectate: ut aspris rupibus impiger
Reptando miles nititur: ut grave
    Cœnum inter ac flammas, laborem
        Dux operis LODOÏCUS urget.

Mes présages s'accomplissent :
Il commence à chanceler.
Sous les coups qui retentissent
Ses murs s'en vont s'écrouler.
Mars en feu qui les domine
Soufle à grand bruit leur ruine,
Et les bombes dans les airs
Allant chercher le tonnerre,
Semblent, tombant sur la Terre,
Vouloir s'ouvrir les Enfers.

※

Accourés, Nassau, Baviere,
De ces murs l'unique espoir :
A couvert d'une riviere
Venés, vous pouvés tout voir.
Considerés ces approches :
Voyés grimper sur ces roches
Ces Athletes belliqueux ;
Et dans les eaux, dans la flâme,
LOUIS à tout donnant l'ame,
Marcher, courir avecque eux.

B iij

Inter procellas turbinis ignei
Criftam eminentem vertice Regio
    Spectate, fidus Gallo amicum,
        Hoftibus at pariter timendum.

Ut lucet, illuc fcilicet omnibus
Victoria alis advolat, aureos
    Currus triumphalefque lauros
        Approperans, fequiturque paffu

Victorem anhelo. Quin agite, inclyti
Heroës, oræ maxima Belgicæ
    Tutela: vos huc, tempus urget,
        Omnibus huc properate turmis.

En totus in vos lumina contulit
Arrectus Orbis. Nunc animis opus.
    Jam cerno latis ad Mehannam
        Signa procul volitare campis.

Miratur amnis pauper aquæ fuis
Tot ire ripis agmina militum.
    Ite ergo. Quid! tranare fegnes
        Exiguum trepidatis amnem?

Contemplés dans la tempeste
Qui sort de ces boulevars,
La plume qui sur sa teste
Attire tous les regards.
A cet Astre redoutable
Toûjours un sort favorable
S'attache dans les combats :
Et toûjours avec la Gloire
Mars amenant la Victoire
Vôle, & le suit à grands pas.

Grands Deffenseurs de l'Espagne,
Montrés-vous, il en est temps.
Courage, vers la Mehagne
Voila vos drapeaux flottans.
Jamais ses ondes craintives
N'ont veu sur leurs foibles rives
Tant de Guerriers s'amasser.
Courés donc. Qui vous retarde ?
Tout l'Univers vous regarde.
N'osés-vous la traverser ?

Haud Gallus obstat : littoribus procul
Ultro reduxit castra : patens iter
   Vobis relinquit. Quid moratur
      Tot peditûque equitumque turmas?

Vultusne Galli ferreus aspici
Repente sistit ? Quo validi Duces
   Fugêre, dementes ruinas,
      Gallico & Imperio minati

Crudele funus ? qui ruere omnia
Ferro parabant, & Tamesis procul
   Ab usque ripis atque Dravi,
      Sequanicos superare fluctus.

Terror NAMURCÆ moenibus interim
Augetur : arcis jam petit ultimæ
   Hispanus extremos recessus :
      Protinus hunc medios per ignes,

Per tela Gallus persequitur ferox :
Interque rupes, atque cadavera,
   Armorum & ingentes acervos,
      Latum iter ense aperit cruento.

Loin

Loin de fermer le passage
A vos nombreux bataillons,
Luxembourg a du rivage
Reculé ses pavillons.
Quoy? leur seul aspect vous glace?
Où sont ces Chefs pleins d'audace
Jadis si prompts à marcher,
Qui devoient de la Tamise,
Et de la Drave soumise,
Jusqu'à Paris nous chercher?

Cependant l'effroy redouble
Sur les remparts de Namur.
Son Gouverneur qui se trouble
S'enfuit sous son dernier mur.
Déja jusques à ses portes
Je voy monter nos cohortes
La flâme & le fer en main:
Et sur les monceaux de piques,
De corps morts, de rocs, de briques,
S'ouvrir un large chemin.

Actum est: ab alto triste sonans dedit
Fatale signum buccina: supplices
 En cerno dextras, flamma cessat,
  Urbsque patet reserata portis.

Nunc, nunc feroces ponite spiritus,
Infensa Gallis agmina: nuncium
 Ferte hunc superbi foederatis
  Urbibus, ante oculos NAMURCAM

Perisse vestros. Ast ego, quem choros
Phoebus Poëtarum inter amabiles
 Primis receptum sponte ab annis,
  Numinis interiore lapsu,

Suâque praesens mente animat, Deo
Afflante plenus, per juga nobili
 Calcata Flacco, perque saltus
  Pierios animosus ibo:

Quin &, senectus immineat licet,
Crudis juventae viribus integer,
 Tentabo inaccessos prophanis
  Altior invidiâ recessus.

C'en est fait. Je viens d'entendre
Sur ces rochers éperdus
Batre un signal pour se rendre.
Le feu cesse. Ils sont rendus.
Dépoüillés vostre arrogance,
Fiers Ennemis de la France,
Et desormais gracieux,
Allés à Liege, à Bruxelles,
Porter les humbles nouvelles
De Namur pris à vos yeux.

※

Pour moy, que Phébus anime
De ses transports les plus doux,
Rempli de ce Dieu sublime,
Je vais, plus hardi que vous,
Montrer que sur le Parnasse,
Des bois frequentés d'Horace,
Ma Muse, dans son declin,
Sçait encor les avenuës
Et des sources inconnuës
A l'Auteur du Saint Paulin. *

www.ingramcontent.com/pod-product-compliance
Lightning Source LLC
Chambersburg PA
CBHW060618050426
42451CB00012B/2311